SEI *deine* EIGENE *Inspiration*

TÄGLICHE ÜBUNGEN, UM DICH IN DEINE WEIBLICHKEIT ZU VERLIEBEN

NINA MADSEN

Special Art Development

Sei deine eigene Inspiration

Tägliche Übungen, um dich in deine Weiblichkeit zu verlieben

Nina Madsen

TASCHENBUCH ISBN: 979-12-5553-024-4
support@specialartbooks.com
www.specialartbooks.com

Inhaltsverzeichnis

Einleitung

Im Laufe unseres Lebens werden wir so vielen Botschaften darüber ausgesetzt, wer und was wir sein sollten, dass unser authentisches Selbst in diesem Lärm untergeht. Von den sozialen Medien bis zur gesellschaftlichen Prägung wird uns oft gesagt, dass wir in einer Beziehung sein müssen, um glücklich zu sein, dass wir von anderen umgeben sein müssen, um uns erfüllt zu fühlen, dass wir Lob und Anerkennung von außen suchen müssen und dass wir einem ausgetretenen Pfad folgen müssen, um Zufriedenheit zu finden.

Dieses Buch ist da ganz anderer Meinung.

Ich bin der Überzeugung, dass fast alles, was du im Leben brauchst, von der Entwicklung besonderer Fähigkeiten bis hin zum Wachsen an Weisheit und Stärke, aus deinem Inneren kommt. Es ist die Magie, die du in dir trägst, die dich einzigartig macht. Das ist nicht nur ein Grund zum Feiern, sondern auch sehr

beruhigend. Die Sache ist die: Du brauchst nicht zu suchen, was du bereits hast!

Jeder Mensch ist außergewöhnlich, und eine Kombination aus kreativem Spiel, praktischen Bemühungen und Selbstreflexion kann diese einfache, unbestreitbare Wahrheit ans Licht bringen: Es gibt keine größere Freude – und es gibt kein besseres Geschenk, das du der Welt machen kannst, als du selbst zu sein – einzigartig, unglaublich du.

Auf den kommenden Seiten wirst du lernen, wie viel Freude es macht, dein wahres Ich kennenzulernen. Du wirst entdecken, warum du dich mit dir selbst treffen solltest – und wie. Du wirst sehen, dass du die Vitalität, die du brauchst, um dich um andere zu kümmern, bekommst, wenn du dich zuerst um dich selbst kümmerst. Du wirst verstehen, dass die Kultivierung der Selbstbewunderung viel wichtiger ist als das Lob von anderen. Du wirst lernen, dich mit dir selbst anzufreunden, dich selbst zu respektieren, dir selbst zu danken, dich selbst zu genießen und vor allem, dich selbst zu lieben. Auf diesem Weg wirst du Stärke und Selbstvertrauen entwickeln – und einen Grund nach dem anderen haben, dich an der Schönheit deines Wesens zu erfreuen.

Teil eins: Liebe dich selbst

Kapitel eins

Sei deine eigene Inspiration

> Ich bin meine eigene Muse, ich bin das Thema, das ich am besten kenne. Das Thema, das ich noch besser kennenlernen möchte.
> *–Frida Kahlo*

Wenn du jemals von einem Künstler gehört hast, dass er eine Muse braucht, bedeutet das, dass er Inspiration braucht, eine Quelle für seinen kreativen Fluss. Manchmal sind Musen Menschen, aber sehr oft sind es Dinge, Orte oder Momente. Musen kommen in unzähligen Formen vor: ein zufällig mitgehörtes Gespräch, eine atemberaubende Aussicht, ein herrliches Musikstück, ein schönes Gedicht oder sogar eine Schlagzeile in den Nachrichten. Sie wecken

unsere kreativen Säfte, regen unsere Ausdruckskraft an und stärken unser Gefühl der Lebendigkeit. Als solche wurden sie besungen, beschrieben, gemalt – und begehrt.

Aber was ist, wenn die beste Muse diejenige ist, die du in dir trägst? Du selbst!

Menschen spielen ihre eigene Kreativität oft herunter und sagen Dinge wie: „Ich bin einfach kein kreativer Mensch." Dann schließen sie diese Seite von sich selbst völlig aus, weil sie denken, dass es nicht in ihnen steckt, kreativ zu sein! Aber das ist falsch. Jeder von uns hat aufgrund seines Menschseins die Fähigkeit zur Kreativität, und wir können sie nutzen, wenn wir uns selbst eine Chance geben und uns als unsere eigene Muse betrachten!

Denke an das Leben, das du gelebt hast, an die Erfahrungen, die du gemacht hast, an die Menschen, die du getroffen hast, an die Orte, die du besucht hast, an die Beziehungen, die du entwickelt hast, an die Häuser, in denen du gewohnt hast, und an alles, was du erreicht hast. All das kann als hervorragende Inspirationsquelle dienen. Unabhängig von deinem Alter oder deiner Erfahrung hast du eine Geschichte, die nur darauf wartet, erzählt zu werden – manchmal sogar mit mehr als nur Worten. Es ist an der Zeit, einen Blick auf dein Leben zu werfen und herauszufinden, wer du bist, um herauszufinden, wie du die Kräfte in dir nutzen kannst, um dich und andere zu inspirieren.

Frage dich:

- Wie könnte ein Gemälde deines Lebens aussehen?

....

....

- Welche Farben enthält es, welche Symbole und Bilder?

....

....

- Welche Art von Kraft könnte es anderen geben?

....

....

- Wie würde es den Rest deines Lebens bestimmen?

....

....

- Welche Lektionen könnte es denjenigen vermitteln, die es sehen?

....

....

- Und vor allem: Wie hat diese Geschichte dich zu dem gemacht, was du heute bist?

....

....

Während du über diese Fragen nachdenkst, versuche, mehr über dich selbst zu erfahren. Werfe einen Blick auf deine Person und/oder deine Vergangenheit und

wähle einen Teil von dir aus, der dich am meisten fasziniert, den du aber am wenigsten verstehst. Das kann deine allgemeine Neugier auf das Leben sein, deine Fähigkeit, mit Zahlen umzugehen, deine Introvertiertheit, deine Vorliebe für Rock'n'Roll, dein Fallschirmsprung, obwohl du Höhenangst hast, deine Abneigung gegen Essiggurken, dein Wunsch, Koch zu werden, oder deine große Liebe zur Natur.

Frage dich:

- Wann und wo hat dieser Teil von dir Wurzeln geschlagen?

....

....

- Und warum?

....

....

- Wer war dabei, und wo hat es stattgefunden?

....

....

- Wie drückt er sich aus – oder wie möchte er sich ausdrücken?

  ....

  ....

- Warum ist es ein wichtiger Teil von dir, und wie unterstreicht es deine Einzigartigkeit?

  ....

  ....

Denke darüber nach. Schreibe es auf.

Finde außerdem ein Objekt, das dich inspiriert. Du könntest eine Kunsthandwerksmesse in deiner Stadt besuchen oder eine Reise vom Sofa aus unternehmen, indem du Etsy, Minted, Jungalow, Uncommon Goods, Animi Causa oder Viva Terra durchstöberst. Wie auch immer du dein Objekt findest, nimm dir die Zeit, es ausfindig zu machen. Wenn du es gefunden hast, stelle es in dein selbsternanntes Heiligtum – ein Tipp zur Selbstliebe, auf den wir später noch eingehen werden – und nutze es, um dich an die Kräfte deiner inneren Muse zu erinnern.

KREATIVE ÜBUNG

Zeichne ein Selbstporträt, das nicht dein Spiegelbild, sondern die faszinierendsten Aspekte deiner Persönlichkeit festhält. Du musst keine brillante Künstlerin sein – auch eine amateurhafte Zeichnung ist Ausdruck deiner Kreativität!

Wenn du eher eine Fotografin als eine Zeichnerin bist, mache stattdessen ein Selfie.

Weitere Inspirationen, wie kühn und innovativ du mit dieser Übung sein kannst, findest du in den Selbstporträts der folgenden Künstlerinnen:

- Sarah Lucas
- Cindy Sherman
- Frida Kahlo
- Tamara de Lempicka
- Jarusha Brown

Fazit

Musen gibt es viele, aber die fesselndste ist die, die du in dir trägst. Denke daran, dass du dein eigener Sinn für Wunder bist. Grabe tief, um herauszufinden, warum du so bist, wie du bist, und was dich besonders macht. Du musst auch keine Fotografin oder Malerin, Schriftstellerin oder Tänzerin sein, um deine Authentizität zum Ausdruck zu bringen. Du musst nur zuhören und das, was dir offenbart wurde, „herausholen".

Kapitel zwei

Sei dein eigenes offenes Ohr

> "Nichts klingt für die Seele so gut
> wie die Wahrheit.
> *–Martha Beck*

Als Frauen nehmen wir oft viel auf uns, und oft sind viele Menschen von uns abhängig. Wir haben ein offenes Ohr für unsere Partner und Geschwister, Freunde, Kinder und Kollegen. Wir bieten Einfühlungsvermögen und Rat, aber auch unsere Zeit, unsere Gedanken und unsere Energie an.

Doch wie oft halten wir lange genug inne, um uns selbst zuzuhören? Wir fühlen uns unter Druck gesetzt, die Aufmerksamkeit für uns selbst auf der

Strecke zu lassen, und während anderen dadurch vielleicht geholfen wird, leiden wir darunter.

Als Frauen wollen wir mit anderen in Kontakt treten und unser Leben mit ihnen teilen. Das ist ein Teil unserer DNA. Aber während wir diese Verbindung genießen und den Menschen, die wir lieben, helfen wollen, wünschen wir uns gleichzeitig jemanden, der uns zuhört. Das ist vielleicht schon ein Teil deines Lebens, aber warum fängst du nicht an, auch für dich selbst ein offenes Ohr zu haben?

Viel Klarheit entsteht, wenn du mit dir selbst still wirst und gleichzeitig deinen inneren Kritiker zum Schweigen bringst. Abseits des Lärms der anderen kannst du dich um deine Ängste kümmern und dich mit ihnen anfreunden, verstehen, was deine Gefühle

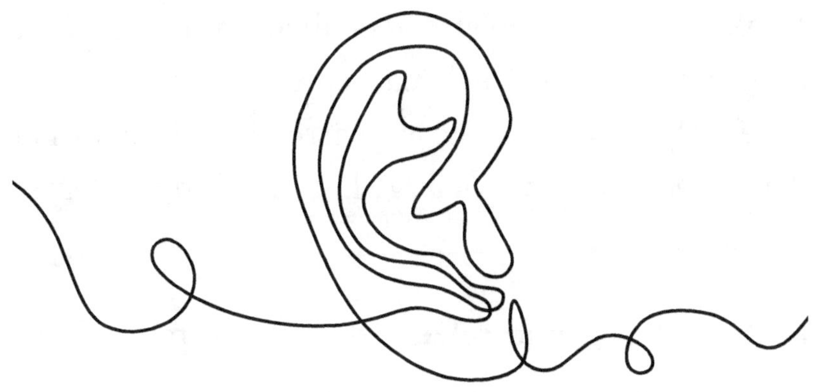

dir sagen wollen, die Verbindung zu deiner Intuition wiederherstellen und auf der Grundlage deiner eigenen Weisheit Entscheidungen treffen, sowohl kleine als auch große. Hört sich das nicht großartig an?

Wenn du dir selbst zuhörst, erfährst du außerdem, welche Überzeugungen für und welche gegen dich arbeiten. Wenn du auf tief sitzende Glaubenssätze stößt, die dich einschränken, kannst du die notwendigen Änderungen vornehmen. Wenn du dir selbst zuhörst, kannst du auch vorhersagen, wie du dich in einer bestimmten Situation fühlen wirst – und wenn du das im Voraus weißt, kannst du dich auf das vorbereiten, was dich erwartet.

SETZE ES IN DIE PRAXIS UM

Denke an ein Problem, das dich in letzter Zeit beschäftigt hat – vielleicht ein Streit mit einem geliebten Menschen, ein verwirrendes Problem bei der Arbeit oder eine wichtige Entscheidung in deiner Karriere.

Nimm dir Zeit und setze dich in Ruhe mit diesem Thema auseinander. Sorge dafür, dass du an einem

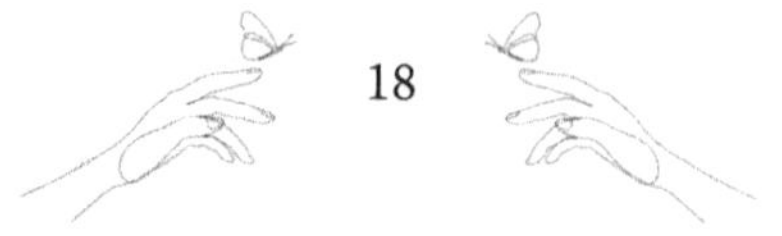

Ort bist, an dem du dich wohl, sicher und gut aufgehoben fühlst. Das kann dein Schlafzimmer sein, deine Lieblingsbank im nahe gelegenen Park, eine Kirchenbank oder ein Pavillon. Nimm ein Notizbuch und einen Stift mit, falls du etwas aufschreiben oder nachdenken möchtest. Denke daran, dass dies ein wunderbarer Weg ist, um dir Klarheit über eine Situation zu verschaffen.

Atme mehrmals tief durch, um dich zu erden. Spüre, wie dein Körper dich in der Erde verankert. Lasse die Stimmen der anderen verblassen. Wenn sie wieder auftauchen, konzentriere dich auf deinen Atem, sodass du neben deinem Herzschlag und den natürlichen Geräuschen deiner Umgebung nur noch diesen hörst.

Wenn du ruhig bist, frage dich selbst:

- Was stört mich?

....

....

- Was sind die Vor- und Nachteile der Lösungen, die mir von anderen vorgeschlagen wurden oder die ich selbst in Betracht gezogen habe?

  ....

  ....

- Was will ich wirklich?

  ....

  ....

- Was halte ich wirklich für eine weise Entscheidung?

  ....

  ....

- Was brauche ich?

  ....

  ....

- Stelle dir vor, wie der weiseste und mitfühlendste Mensch in deinem Leben auf deine Gefühle und Sorgen reagieren würde.

  ....

  ....

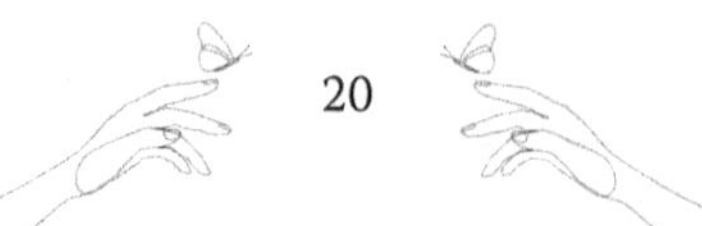

- Wie würde er antworten?

....

....

- Wie würde er dich beruhigen?

....

....

- Welche Perspektiven würde er dir aufzeigen?

....

....

- Welche selbstzerstörerischen Ansichten würde er dir nahelegen loszulassen?

....

....

- Welche Lösungen würde er anbieten?

....

....

Führe einen sanften und wohlwollenden Dialog mit dir selbst – entweder innerlich oder in deinem Notizbuch. Das wird dir helfen, Empathie und Einsicht zu gewinnen.

KREATIVE ÜBUNG

Zeichne ein Bild einer Welle nur mit Konturen. Nimm dir dann Zeit, um sie nach Belieben auszumalen. Denke über diese Welle nach und darüber, was sie für dich bedeutet.

Fazit

Deine eigene Weisheit hast du dir wahrscheinlich hart erarbeitet – und sie ist unbezahlbar. Höre auf dich selbst, fernab von Ablenkungen, und es wird dir helfen, dich mit dir selbst auf eine Weise zu verbinden, wie du es noch nie zuvor getan hast.

Kapitel drei

Sei dein eigener umsichtiger und liebevoller Elternteil

> Sei die Heldin deines Lebens, nicht das Opfer.
> —*Nora Ephron*

Die Hektik des Lebens kann uns daran hindern, uns um uns selbst zu kümmern. Wie ich bereits erwähnt habe, lassen wir Frauen oft so viel anderes in den Weg kommen, bevor wir uns Zeit für uns selbst nehmen.

Arbeit, soziale Verpflichtungen, Care-Arbeit, Kinder, Beziehungen, Abende im Freundeskreis und herausfordernde Ereignisse – all das kann uns von Gesundheit und Wohlbefinden ablenken. Es kann sein,

dass wir zu wenig schlafen, uns nicht optimal ernähren oder unser Trainingspensum nicht einhalten.

So viele von uns hören auf, nach Trost und einem offenen Ohr zu fragen, und vergessen, sich einfach zurückzulehnen und auszuruhen.

Die Maslowsche Bedürfnispyramide zeigt, dass wir, um unser höchstes Potenzial auszuschöpfen, zunächst sicherstellen müssen, dass unsere Grundbedürfnisse erfüllt sind. Dazu gehören Ernährung, Schlaf, Flüssigkeitszufuhr, Beziehungen und Unterkunft. Sobald wir diese Grundbedürfnisse erfüllt haben, können wir uns den vielschichtigeren Herausforderungen von zwischenmenschlichen Beziehungen, beruflichen Fortschritten und dem Erreichen unserer Lebensziele zuwenden.

Hier kommst du als weiser, liebevoller Elternteil für dich selbst ins Spiel. Diese „Person" existiert in jedem von uns – manchmal flüsternd, manchmal schreiend. Stelle dir diese Figur als die Person auf deiner Schulter vor, die dich in die richtige Richtung führt.

Diese Stimme sagt uns, wenn wir uns von einer Party verabschieden müssen, egal, wie viel Spaß wir haben, um sicherzustellen, dass wir in dieser Nacht genug Schlaf bekommen, um den nächsten Arbeitstag zu überstehen. Sie warnt uns vor potenziellen Gefahren, erinnert uns daran, uns für einen Apfel statt für ein Stück Torte zu entscheiden, und drängt uns vielleicht sogar dazu, uns ein heißes Bad zu gönnen, wenn wir überfordert und ängstlich sind.

Es ist deine Aufgabe, dich mit diesem Elternteil in dir wieder vertraut zu machen. Wahrscheinlich hast du ihn versteckt, weil der Stress des Lebens dich abgelenkt hat oder die Bedürfnisse anderer über deine eigenen gestellt wurden.

SETZE ES IN DIE PRAXIS UM

Untersuche dein Leben und stelle fest, welche grundlegenden Aspekte mehr Aufmerksamkeit erfordern.

- Brauchst du mehr oder besseren Schlaf?

  ....

  ....

- Musst du dich gesünder ernähren?

  ....

  ....

- Hast du zu wenig Gemüse gegessen?

  ....

  ....

- Hast du daran gedacht, deine Vitamine zu nehmen?

  ....

  ....

- Warst du in letzter Zeit zum Check-up beim Arzt?

  ....

  ....

- Bist du nachsichtig mit dir selbst und kannst aus deinen Fehlern lernen, anstatt dich von ihnen unterkriegen zu lassen?

  ....

  ....

- Brauchst du mehr Lachen in deinem Leben?

  ....

  ....

- Mehr Zeit mit Freundinnen und Freunden?

  ....

  ....

- Musst du spazieren gehen, um deinen Kopf frei zu bekommen?

  ....

  ....

Höre auf die weisen, liebevollen Eltern, die du in dir trägst, und tue, was sie vorschlagen. Wer weiß, vielleicht schockiert dich dein innerer Lehrer mit einem Blitz der Weisheit.

KREATIVE ÜBUNG

Stell dir vor, du wärst am gesündesten und lebhaftesten. Was würdest du dann tun? Würdest du laufen, schwimmen oder einfach lächeln? Wie würdest du dich fühlen? Wie würdest du aussehen?

Du brauchst Inspiration? Schau dir die Fotos auf deinem Handy oder in einem Album an und finde ein Bild von dir, auf dem du gut ausgeruht, entspannt, genährt und glücklich aussiehst und dich auch so fühlst. Eine Möglichkeit ist, das Bild zu skizzieren, aber du kannst dich auch zurücklehnen, deine Augen schließen und es dir einfach vorstellen. Du nutzt deine einzigartige Kreativität auch dann, wenn du keinen Stift in die Hand nimmst!

Fazit

Selbstfürsorge ist von zentraler Bedeutung für deine geistige, körperliche und psychische Gesundheit. Das Leben soll gelebt und genossen werden, nicht nur durchgeschleppt. Wenn du lernst, dich um dich selbst zu kümmern, wie es ein Elternteil tun würde, wird dir das mehr Zufriedenheit, Glück und Respekt für dich selbst bringen.

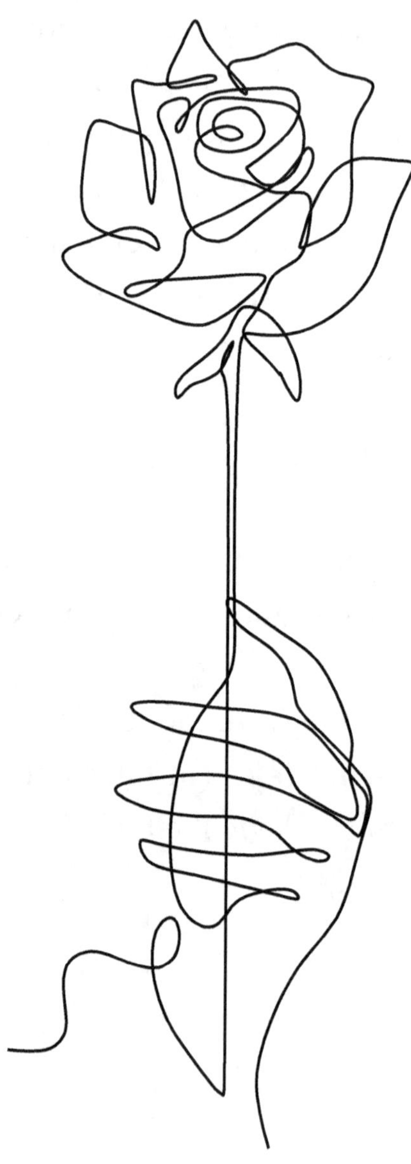

Kapitel vier

Sei dein eigenes Date

> Meine Mutter sagte, ich solle ein Lady sein. Für sie bedeutete das, dass ich unabhängig bin und auf eigenen Beinen stehe!
> –Ruth Bader Ginsburg

Die Gesellschaft anderer ist sicherlich angenehm, aber die Gesellschaft von sich selbst kann ausgesprochen entspannend und angenehm sein. Wenn du viel Zeit mit dir selbst verbringst, kannst du viel über dein wahres Ich lernen. Dazu gehören deine Essensvorlieben, die Tageszeit, zu der du dich am lebendigsten fühlst, und sogar die Geschwindigkeit, mit der du gerne gehst. Das gibt dir reichlich Gelegenheit, Aktivitäten, Speisen und Umgebungen zu erforschen, die für dich neu sind, und zu einer

Entscheidung zu gelangen, die nicht auf der Meinung anderer beruht, sondern auf deinem Herzen.

Wenn du allein bist, kannst du sein, wer immer du sein willst. Das ist zwar befreiend, aber oft schrecken die Menschen vor dem Alleinsein zurück, weil sie Angst haben, sich dem zu stellen, was da ist. Vielleicht gibt es Dinge, die man an sich selbst nicht mag, und man will nicht darüber nachdenken oder sich damit auseinandersetzen. Vielleicht wird die kritische Stimme in deinem Kopf stärker, wenn du allein bist. Aber das ist es, was wir manchmal tun müssen. Allein sein, um uns daran zu erinnern, wer wir sind und was wir der Welt zu geben haben. Auch wenn es sich beängstigend anhört, sich mit sich selbst zu verabreden, es wird einfacher, je öfter du es tust – das verspreche ich. In dieser befreienden Zeit des Alleinseins kannst du die Schwierigkeiten aufarbeiten, die dich bisher zurückgehalten haben. Du kannst lernen, deinen Körper zu lieben, dich nicht mehr über deinen Kontostand zu ärgern und dir sogar etwas zu verzeihen, wozu du lange Zeit nicht in der Lage warst. Das liegt daran, dass diese seltene Zeit des Alleinseins dir die Möglichkeit gibt, wirklich mit dir selbst zusammen zu sein und die starke, leidenschaftliche Stimme in dir zu hören, die schon lange danach schreit, gehört zu werden. Sei allein und beginne, den ganzen Müll loszulassen und dich selbst zu lieben.

SETZE ES IN DIE PRAXIS UM

Suche dir einen Ort oder eine Aktivität aus, die dich begeistert – ein schickes Restaurant, das vor kurzem in deiner Stadt eröffnet wurde, eine einzigartige Veranstaltung, die die meisten Menschen in deinem Bekanntenkreis nicht für einen Abend wählen würden, die aber eine besondere Bedeutung für dich hat, oder einfach einen Film, den du schon lange sehen wolltest.

- Notiere den Termin in deinem Kalender – und besuche ihn allein.
- Bereite dich darauf vor, wie auf jede andere Verabredung indem du ein schickes Outfit wählst und dich von deiner fröhlichsten Seite zeigst.

- Halte während deiner Verabredung ab und zu inne und achte darauf, wie du dich fühlst, vor allem, wenn du mit einem neuen Essen oder einer neuen Aktivität experimentierst, denn alles, was uns aus unserer Komfortzone herausreißt, ist reif für eine Selbstoffenbarung.

- Wenn du wieder zu Hause bist, schreibe in dein Tagebuch – nicht nur, was du gemacht hast, sondern auch, was du aus dem Date mitgenommen hast. Was würdest du beim nächsten Mal anders machen? Was möchtest du als Nächstes unbedingt ausprobieren?

- Baue Verabredungen im Alleingang so regelmäßig in deinen Terminkalender ein, dass sie zur zweiten Natur werden – oder vielleicht inspirieren sie dich dazu, einen größeren Schritt zu wagen und ohne Begleitung an einen exotischen Ort zu reisen.

KREATIVE ÜBUNG

Entwerfe einen Rahmen für deine perfekte Verabredung. Zeichne ihn oder erstelle eine Liste. Es könnte ein Sonnenuntergang am Strand sein, ein Restaurant bei Kerzenschein, ein Autokino, ein Sitzplatz an einem Wasserfall. Es könnte ein

Spaziergang durch den Park mit deinem Hund sein oder sogar ein Glas Wein, das du dir einschenkst, während du auf deiner Terrasse sitzt. Es kann sich um eine Reihe von Aktivitäten oder ein einziges denkwürdiges Ereignis handeln. Stell dir vor, dass du in dieser Umgebung allein bist, und spüre, wie zufrieden du bist, wenn du in diesem Raum genau das tun kannst, was du willst. Bring dich in die richtige Stimmung, bevor du dich auf den Weg machst, um es allein zu tun (vor allem, wenn es das erste Mal ist).

Fazit

Mit der eigenen Gesellschaft zufrieden zu sein, kann genauso augenöffnend und aufregend sein, wie sich in einen anderen Menschen zu verlieben. Es kann dazu beitragen, ein neues Verständnis dafür zu entwickeln, wer du wirklich bist. Außerdem: Wenn du deine eigene Gesellschaft nicht genießt, wie soll es dann ein anderer tun?

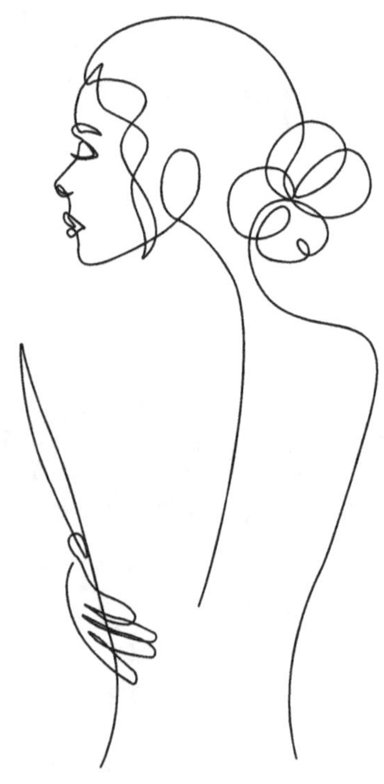

Teil zwei: Liebe deinen Raum

Kapitel fünf

Sei deine eigene Chefköchin

> "
>
> Eine Frau ist der volle Kreis. In ihr steckt die Fähigkeit, zu erschaffen, zu nähren und zu transformieren.
> –Diane Mariechild
>
> "

Wenn wir uns selbst überlassen sind, denken die meisten von uns berufstätigen Frauen mit Kindern, dass es keinen Grund gibt, eine große Sache aus dem Essen zu machen, wenn wir für uns allein sind. Oft halten wir eine Schüssel kaltes Müsli oder einen Salat zum Mitnehmen für völlig akzeptabel, wenn keine anderen Familienmitglieder zu Hause sind. Oder wir essen überhaupt keine Vollwertkost und naschen einfach eine Kombination aus zufälligen, nicht zusammenpassenden Resten.

Es gibt zwar kein Richtig oder Falsch, aber wenn man lernt, für sich selbst zu kochen, und zwar in aller Ruhe, stärkt dies das Selbstwertgefühl und die Selbstachtung. Denn seine eigene Chefköchin zu sein, bietet eine Reihe von Vorteilen. Kochen ist eine wunderbar sinnliche Erfahrung, voll von Geschmäckern, Gerüchen und Anblicken, die ein enormes Maß an Glück hervorrufen können.

Sich selbst mit köstlichen Speisen zu versorgen, die voller wichtiger Vitamine und Mineralien sind? Immer eine gute Idee.(Frage einfach deinen klugen, liebevollen Elternteil!)

SETZE ES IN DIE PRAXIS UM

Fang an, dich dafür zu begeistern! Wenn du normalerweise nicht kochst, solltest du Dinge tun, die dich in die Küche locken. Vielleicht musst du deine Küchengeräte aufstocken. Hol dir zum Beispiel Töpfe und Rührlöffel, die dir gefallen. Wenn du deine Küche zu einem schönen Ort machst, an dem du dich gerne aufhältst, wirst du vielleicht immer öfter dort kochen wollen. Du musst nicht gleich mit einem Kupfertopf anfangen, der die Hälfte deines Ersparten kostet. Ich finde, ein stabiler Rührlöffel, der gut in der Hand liegt, macht mir mehr Lust zu kochen!

Sei deine eigene Muse

Eine weitere Möglichkeit, sich zu begeistern, ist ein Besuch auf dem örtlichen Markt, wo du frische, saisonale Produkte und andere Lebensmittel kaufst, die dich entweder interessieren oder dir Freude bereiten werden. Studiere die Empfehlungen für die beste Art der Zubereitung und serviere neue Lebensmittel, die du vielleicht noch nicht probiert hast. Und wenn du kein Geld hast, um einen ganzen Vorrat  an neuem Gemüse zu kaufen, dann fang mit einer anderen Sorte an. Wenn du immer zu Karotten greifst, versuche es mit Pastinaken. Kauf keine roten Rüben, sondern zarte, goldene Rüben, wenn der Herbst kommt.

Durchstöbere das Internet oder das Kochbuch deiner Oma nach neuen Rezepten, und nimm dir einen Abend Zeit, um eine Mahlzeit für dich selbst zu kochen. Nimm dir Zeit in der Küche, damit du dich nicht hetzen musst. Wie eine mit Liebe gekochte Mahlzeit sollte auch diese Erfahrung genossen werden!

Leg während des Kochens eine Playlist oder einen Podcast auf, den du liebst, und mach eine Pause, um die Freuden der Erfahrung zu genießen. Achte auf die Geschmäcker und Aromen der Zutaten.

Sei deine eigene Chefköchin

Wenn du bereit bist zu essen, suche dir einen schönen ruhigen Platz, der nur für dich bestimmt ist. Mach es dir gemütlich und genieße es. Und mach, was du willst, während du isst; es geht nur um dich. Die Achtsamkeit, die du dir in diesem Moment entgegenbringst, kann dein Selbstwertgefühl steigern und dich daran erinnern, dass du Sorgfalt, Kunstfertigkeit und Eleganz verdienst. Und wenn es dir schmeckt, sag innerlich Danke an die Menschen und unseren Planeten, die diese Lebensmittel zur Verfügung stellen.

KREATIVE ÜBUNG

Eine kreative Übung, die mir oft Spaß macht, ist das Ausdenken eines Rezepts, das ich vielleicht noch nie gekocht habe. Ich experimentiere gern mit dem, was ich zu Hause habe, um zu sehen, ob ich etwas Leckeres zubereiten kann. Dadurch wird nicht nur deine Kreativität gefördert, sondern du hast auch die Möglichkeit, deine Mahlzeiten zu etwas Besonderem zu machen – eine Chance, sich selbst zu ehren.

Fazit

Für sich selbst zu kochen ist nur ein weiterer Aspekt der wunderbaren Selbstfürsorge, die du verdienst. Genieß deine Abenteuer mit dir selbst in der Küche und darüber hinaus.

Kapitel sechs

Sei deine eigene Liebhaberin

> Du trägst den Pass zu deinem
> eigenen Glück.
>
> –Diane von Fürstenberg

Die Liebe zu einem anderen Menschen kann viel Freude bereiten, aber wenn du lernst, dir selbst Zuneigung zu schenken, wird deine Unabhängigkeit gestärkt und deine Selbstbewunderung gefördert. Und davon könnten wir alle etwas gebrauchen. Aber in der Realität kann es schwierig sein zu wissen, wie man sich selbst auf diese Weise lieben kann. Wie kannst du dich so betrachten, wie es ein Liebhaber tun würde?

Stell dir selbst ein paar Fragen. Wie würde dich dein Geliebter idealerweise behandeln? Würde er dir Komplimente machen? Deine Füße massieren? Würde er oder sie anbieten, dir etwas zum Mitnehmen zu bestellen oder deine Lieblingsromanze zu schauen? Würde er oder sie dir Blumen bringen, die Macken lieben, die dich ausmachen, und dir den Rücken massieren, bis du einschläfst?

Mit Ausnahme des letzten Teils kannst du all diese Dinge frei und selbstbestimmt tun. Auf diese Weise kannst du deine eigene Widerstandsfähigkeit und deinen Wert für Liebe und Zärtlichkeit erkunden. Wir alle können ab und zu ein wenig Zärtlichkeit gebrauchen, und während wir ziemlich gut darin werden können, sie anderen zu geben, vergessen wir zu oft uns selbst.

SETZE ES IN DIE PRAXIS UM

Stelle dir eine Aktivität vor, die einen deiner fünf primären Sinne anspricht: eine Massage, ein Feinschmeckerdessert, ein Bad, der Besuch einer Kunstgalerie, Tanzen – was immer du möchtest. Der Fantasie sind keine Grenzen gesetzt. Nimm sie in dein Leben auf, um eine sinnliche Solo-Erfahrung zu machen.

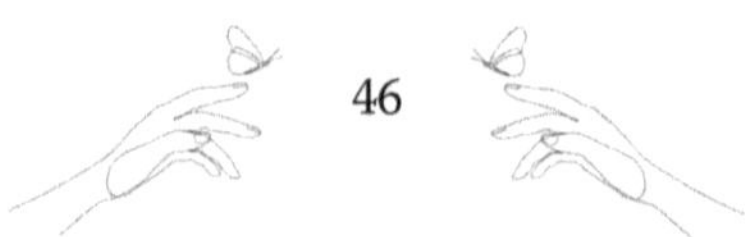

Denk aber daran, dass dein eigener Liebhaber zu sein keine Ausgaben wie der Kauf eines gut riechenden Parfums oder der Genuss einer Portion Tiramisu sein müssen. Du kannst dich täglich mit Zuneigung überfluten, indem du,

- dich selbst massierst

- deine Haare ausgiebig bürstest

- ein herrlich duftendes Öl oder eine Lotion auf der Haut verwendest

- dir selbst sagst, wie sehr du dich schätzt

- eine nährstoffreiche Hautbehandlung probierst

- dich selbst in den Arm nimmst

- dich auf ein Projekt konzentrierst, das dir Freude bereitet

- einen Roman liest, Wordle spielst, ein Bild malst

- ein Ritual zur Entspannung vor dem Schlafengehen schaffst

- dich streckst, wenn du morgens aufstehst, und die ersten Momente deines Tages damit verbringst zu überprüfen, zu überprüfen, wie du dich fühlst und was du zu erreichen hoffst

- eine fortlaufende Dankbarkeitsliste mit den Dingen führst, die du an dir selbst schätzt und den Fortschritten, die du gemacht hast
- geführte Meditationen anhörst
- eine weiche Schaumstoffrolle benutzt, um die „Knicke" aus deinem Körper zu bekommen
- Tagebuch schreibst
- die Fehler akzeptierst, die du in der Vergangenheit gemacht hast, und diese Fehltritte als einen Weg nach vorne nutzt
- Gedanken und Gefühle validierst und ihnen mit liebevollen Antworten begegnest

KREATIVE ÜBUNG

Zeichne dein Lieblingsdessert – einen Eisbecher, ein Stück Käsekuchen, eine Portion Tiramisu. Stell dir den Genuss vor, wenn du es auf der Zunge zergehen lässt. Kehre zu diesem Bild zurück, wenn du eine Erinnerung daran brauchst, dass du dir die Freude einfach nehmen kannst. Manchmal müssen wir nur an unser eigenes Vergnügen denken!

Fazit

Dir selbst Zuneigung zu schenken, gibt dir Kraft und bringt dich zum Strahlen. Gönne dir die Zuneigung eines Liebhabers und beobachte, wie dein Glück und dein Selbstvertrauen in die Höhe schnellen.

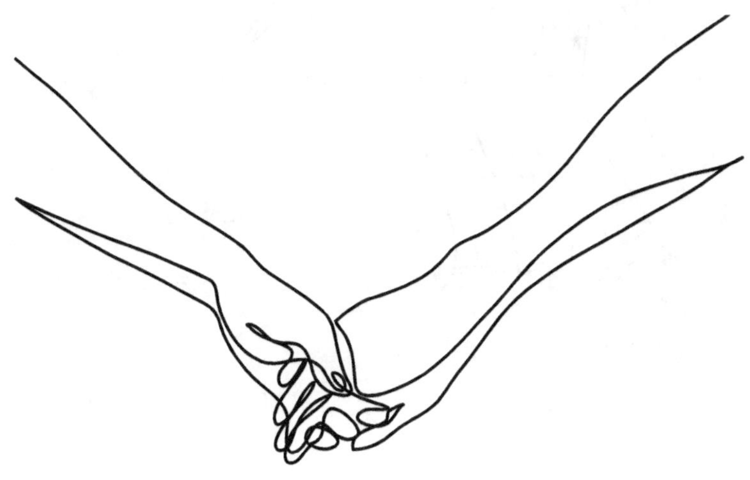

Kapitel sieben

Sei deine eigene Quelle des Lichts

> **Mut beginnt damit, dass wir auftauchen und uns sehen lassen.**
> *—Brene Brown*

Wir suchen oft bei anderen nach Qualitäten, die wir bereits in uns tragen. Wenn du dich selbst besser kennenlernst, wirst du entdecken, dass die Energie, nach der du dich sehnst – das Licht, das du dir wünschst –, nichts anderes erfordert, als die Flamme zu entzünden, die du in dir trägst. Sei deine eigene Lichtquelle, während du deine eigene Reise durch das Leben fortsetzt.

Deine eigene Energiequelle zu sein bedeutet, den Mut zu haben, anderen dein wahres Ich zu zeigen.

Es geht darum, dass die Energie, der Elan und die Zuversicht für das Leben, das vor uns liegt, aus dir selbst zu holen, anstatt von anderen oder äußeren Umständen abhängig zu sein, und dich selber durch schwierige Zeiten zu bringen.

Jede der Aktivitäten in diesem Buch ist darauf ausgerichtet, dies anzuspornen, aber du kannst es auch im wörtlichen Sinne tun. Das bedeutet, dass du nach draußen gehst und deine künstlerischen Muskeln spielen lässt.

SETZE ES IN DIE PRAXIS UM

Um dich auf das Licht einzustellen, denke an dein Lieblingslicht oder deine Lieblings-Tageszeit. Ist es ein sanfter, subtil gefärbter Sonnenaufgang?

Ein lebhafter Sonnenuntergang? Ein gemütlicher, regnerischer Nachmittag? Warum ist das deine Lieblingslichtquelle? Was sagt sie über dich aus?

Brauchst du eine Orientierungshilfe? Hier sind einige Dinge zu bedenken:

- Der Sonnenaufgang kann ein Zeichen für ein fröhliches Wesen sein. Du neigst dazu, optimistisch zu sein, mit einer positiven Lebenseinstellung.

- Die Abenddämmerung kann für eine gelassene Persönlichkeit stehen. Du kannst mit dem Strom schwimmen und wirst oft als fließend beschrieben.

- Der Sonnenuntergang kann einen feurigen Charakter symbolisieren; jemanden, der zu Abenteuern und einem aktiven Lebensstil neigt.

- Mitternacht kann eine ruhige, geheimnisvolle Persönlichkeit und ein tiefes, intellektuelles Interesse am Universum zum Ausdruck bringen.

Egal, was deine persönlichen Vorlieben sind, nimm ein Selbstporträt mit der Kamera deines Handys

auf, um dich in dieser Umgebung einzufangen. Experimentiere mit den Posen und Blickwinkeln. Sieh dir dieses Foto an, wenn du eine Erinnerung daran brauchst, dass du von innen heraus erleuchtet bist.

KREATIVE ÜBUNG

Verwende Farbstifte, Kugelschreiber oder Buntstifte, um einen Himmel in den Farben zu malen, die deiner Meinung nach am besten zu dir passen. Oder du kannst einfach farbiges Papier in deinen Lieblingsfarben, die dich beruhigen oder mit dir verbunden sind, kaufen. Schneide es in Quadrate. Behalte sie bei dir, um dich an das Licht zu erinnern, das du in dir trägst.

Fazit

Deine eigene Lichtquelle zu sein bedeutet, deine beste Ressource, deine beste Freundin und deine beste Energiequelle zu sein. Ziehe deine Energie und deinen Elan aus deinem Inneren und leuchte dir den Weg in eine strahlende Zukunft.

Kapitel acht

Sei deine eigene Lehrerin

> Die Fähigkeit zu lernen ist die wichtigste Eigenschaft, die eine Führungskraft haben kann.
>
> –Padmasree Warrior

Das Lernen sollte nicht in dem Moment aufhören, in dem man die Schule beendet und seinen Abschluss gemacht hat. Eine Studie nach der anderen zeigt, dass lebenslanges Lernen der Schlüssel zu Glück und einem langen Leben ist. Außerdem bekämpft es Langeweile und Stagnation. Wenn du dich weiterbildest, entwickelst du Fähigkeiten für künftige Chancen, hältst dein Gehirn gesund und bringst neue Ideen ein.

Du kannst dir aussuchen, welche Themen du studieren und welche Fähigkeiten du erlernen möchtest. Hast du vielleicht Mathematik als Hauptfach studiert, dich aber schon immer für Botanik interessiert? Dann ist jetzt Zeit, sich wieder auf den Boden zu begeben und dort zu graben (Wortspiel beabsichtigt).

Die Möglichkeiten in unserer modernen Zeit sind praktisch unbegrenzt. MasterClass zum Beispiel bietet Online-Kurse in einer Vielzahl von Bereichen an, vom Drehbuchschreiben über Personal Branding und moderne vegetarische Küche bis hin zur Inneneinrichtung. Die Kurse werden von wahren Meistern ihres Faches wie Joyce Carol Oates und Carlos Santana geleitet. Wenn du dir das nicht leisten kannst, kannst du auch die kostenlosen Kurse deines örtlichen Gemeindezentrums oder einer nahegelegenen Universität ausprobieren. Auch online gibt es zahlreiche Angebote!

Baue Wissen in einem Bereich auf, der dich interessiert, nicht unbedingt etwas, das dir in deinem Beruf hilft oder deiner Familie nützt. Die Entscheidung, sich neues Wissen anzueignen, wird dich mit einem Gefühl der Erfüllung beglücken und gleichzeitig deinen Geist aktiv und begeistert halten.

Und nicht nur das: Wenn du mehr lernst, kannst du auch neue Leute aus deinem Interessengebiet kennenlernen. Dabei kann es sich um Menschen handeln, die du in einem neuen Kurs kennenlernst, oder um Menschen, die du triffst und die dieselben Interessen haben wie du. Diese Art von Kontakten stärkt auch dein Selbstvertrauen, wenn du in neue Welten vorstößt.

SETZE ES IN DIE PRAXIS UM

Erstelle eine Liste mit fünf Themen, die dich interessieren. Ob Fotografie, Musik oder Spanisch—melde dich bei einem lokalen oder Online—Kurs an, der dir eine oder mehrere dieser Fähigkeiten vermittelt. Willst du dein Wissen in einem Fach vertiefen, das du bereits kennst? Dann erwäge, dich für einen Weiterbildungskurs anzumelden, und zwar aus keinem anderen Grund als deinem Interesse daran. Oder geh in die örtliche Bibliothek und nimm dir die Zeit, nur Bücher über Themen auszuleihen, die dich interessieren!

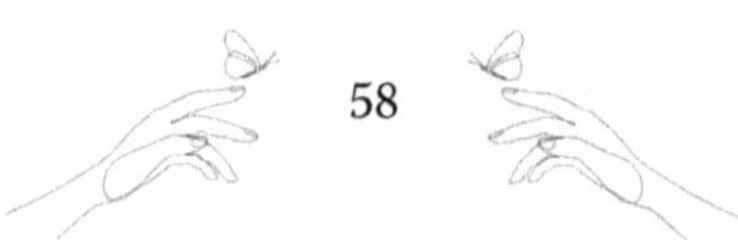

....

....

....

KREATIVE ÜBUNG

Es kann ziemlich beängstigend sein, nach langer Abwesenheit wieder mit dem Lernen zu beginnen, wenn du noch nie ein Hochschulstudium absolviert hast. Um mit der Nervosität und der Angst umzugehen, die damit zusammenhängt, kannst du dein Tagebuch nutzen, um dir die Anspannung von der Seele zu schreiben. Eine Weiterbildung kann dir helfen, deinen Horizont zu erweitern und dein Leben zu bereichern. Du willst es also tun, aber die Angst hält dich vielleicht zurück!

Werfe einen Blick auf einige dieser Denkanstöße, um den Anfang zu machen:

- Was ist das Schlimmste, was passieren könnte?

....

....

- Wovor genau habe ich Angst, wenn es um Weiterbildung geht?

....

....

- Woher kommt diese Angst wohl?

....

....

- Wie würde ich mich fühlen, wenn ich wüsste, dass das Ergebnis positiv sein wird?

....

....

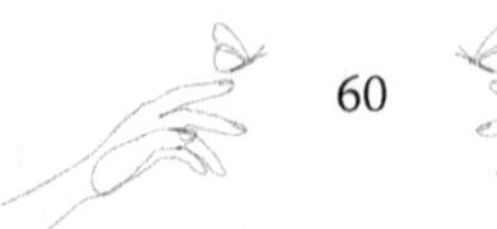

Fazit

Lernen ist ein Vergnügen und ein wesentlicher Bestandteil des persönlichen Fortschritts. Du kannst sowohl an Wissen als auch an Selbstvertrauen und Sicherheit gewinnen, indem du den ersten Schritt machst, um deine Bildung auf die Art und Weise voranzubringen, die dir gefällt!

Kapitel neun

Sei deine eigene Handwerkerin

Fasziniert dich die Selbstständigkeit anderer? Wie schön wäre es, wenn du diese Fähigkeit in dir selbst entwickeln könntest? Egal, ob du allein lebst oder eine vielbeschäftigte Familie hast, du solltest wissen, wie du Dinge in deinem Haus reparieren kannst. Der undichte Wasserhahn oder das kaputte Regal, das du ewig vor dir hergeschoben hast, können einzigartige Gelegenheiten sein. Stell dich diesen Herausforderungen und stärke dein Vertrauen in dich selbst als verlässliche Instanz, während du

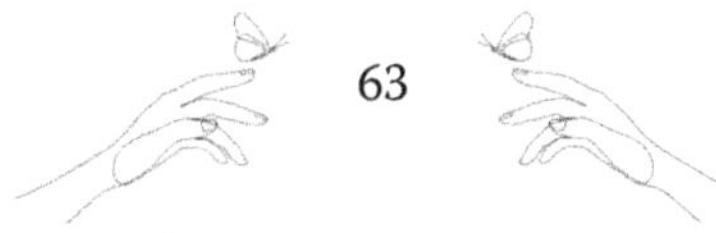

gleichzeitig etwas Geld sparst. Außerdem zeigt es dir, dass deine Bemühungen greifbar sind. Es ist äußerst befriedigend, Fortschritte zu sehen, wenn wir Zeit in etwas investieren!

Sei deine eigene Muse

Das ist vielleicht nicht jedermanns Sache, aber wenn man es einfach mal ausprobiert, kann man wirklich etwas über sich selbst lernen. Wenn du erfolgreich etwas in deinem Haus repariert hast, stärkt dies enorm das Vertrauen in deine eigenen Fähigkeiten. Manchmal brauchen wir das.

SETZE ES IN DIE PRAXIS UM

Lerne, dein eigener Handwerker zu sein. Du brauchst dich nicht auf andere zu verlassen! Leg dir einen Werkzeugkasten zu, komplett mit Hammer, Nägeln, elektrischem Schraubenzieher und so weiter und so fort, und lies Anleitungen. Du kannst auch auf Online-Videos zurückgreifen, in denen du Schritt-für-Schritt-Anleitungen findest, die dir bei Bedarf helfen, kleine Reparaturen in deinem Haus durchzuführen.

KREATIVE ÜBUNG

Eine Möglichkeit, damit anzufangen, ist, klein anzufangen. Such nach Dingen, die du vielleicht selbst reparieren kannst – vielleicht fängst du nicht mit einer kaputten Toilette an. Vielleicht hast du eine Kommode, die du schon immer in einer anderen Farbe streichen wolltest. Streichen ist ein bisschen einfacher, als sich an die eigentliche Arbeit zu machen und etwas zu reparieren. Bring in Erfahrung, was zu tun ist, finde die gewünschten Farben und voila! Du hast ein tolles Projekt, das ganz dir gehört. Und es gibt dir das Selbstvertrauen, dich später an schwierigere, kompliziertere Projekte zu wagen.

Fazit

Wenn du verstehst, wie dein Zuhause aufgebaut ist, und das nötige Handwerkszeug für kleinere Reparaturen hast, wird das deinen Glauben an dich selbst stärken. Du kannst es schaffen! Alles, was du brauchst, ist das richtige Projekt.

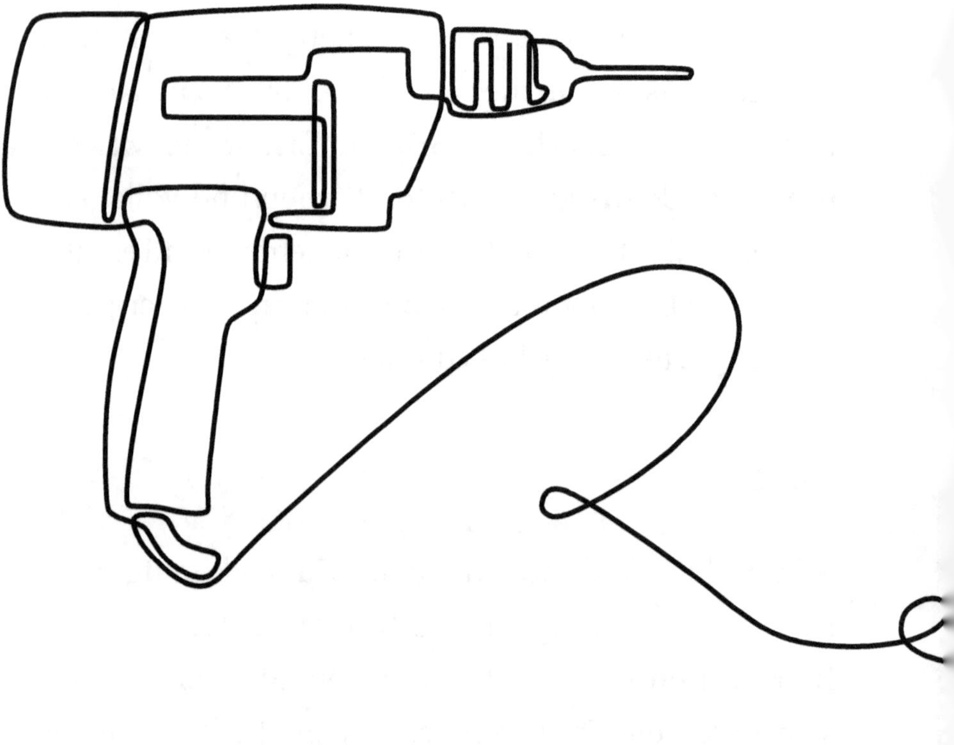

Teil drei: Liebe deine Gesellschaft

Kapitel zehn

Sei deine eigene Geldmanagerin

> " Schließe einen Pakt mit dir selbst, um dich auf lange Sicht zu unterstützen, als dein eigener Freund bei jedem Schritt auf dem Weg.
> *–Tara Mohr* "

Sich selbst zu lieben macht das Leben nicht nur angenehmer – Selbstfürsorge beugt auch Krankheiten und Verletzungen vor. Welches ist das Element der Selbstfürsorge, das oft vernachlässigt wird?

Auf sein Geld aufzupassen.

Der Grund dafür, dass dieses Thema oft vernachlässigt wird, ist, dass Geld mit vielen Emotionen verbunden

ist. Diese bekommen wir von unseren Eltern oder den Situationen, in denen wir aufgewachsen sind. Unsere eigenen früheren Erfahrungen mit Geld beeinflussen, wie wir heute mit Geld umgehen. Und das ist nicht immer gut.

Befreie dich von deinen Gefühlen in Bezug auf Geld. Der Überfluss oder Mangel daran oder der Wunsch, mehr davon zu verdienen, spielt keine Rolle. Hier ist die Wahrheit: Geld ist weder gut noch böse, sondern eine Tatsache des Lebens. Du musst die Kontrolle darüber erlangen, damit dein Geld dir ein Gefühl von Ordnung, Leistung und Kontrolle vermitteln kann.

Wenn du deine finanziellen Ängste besiegst, erlangst du eine neue Form der Selbstbestimmung. Wenn du dein Geld richtig verwaltet hast, kannst du das Leben mehr genießen und dich selbst auf einer tieferen, liebevolleren Ebene kennenlernen. Du wirst auch in

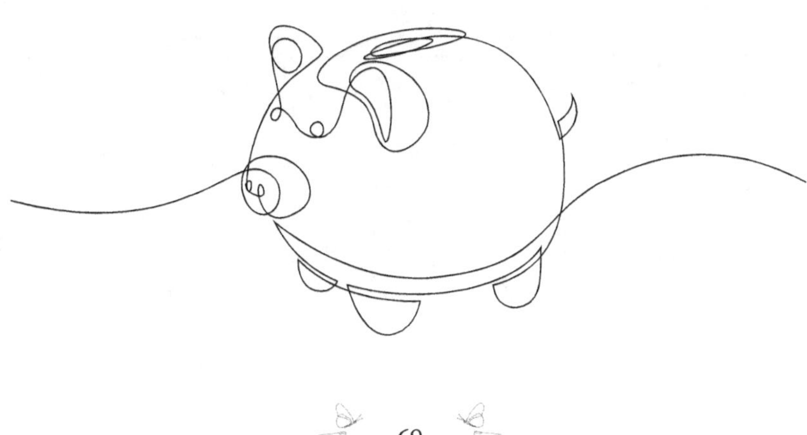

der Lage sein, dir die Dinge zu leisten, die zu einem langen, dynamischen Leben beitragen, vom Kauf gesunder Lebensmittel bis hin zur Priorisierung deiner Gesundheit vor deinem Budget.

SETZE ES IN DIE PRAXIS UM

Prüfe deine finanzielle Situation, indem du deinen Geldfluss, deine Rechnungen, Ausgaben, Schulden und Investitionen auflistest. Finde heraus, was du tun kannst, um dir eine finanziell stabile oder finanziell blühende Zukunft zu sichern.

KREATIVE ÜBUNG

Ich weiß, dass Geld nicht immer der Kreativität förderlich ist. Manche Menschen macht es sogar regelrecht nervös. Aber du kannst kreativ werden, indem du von Dingen träumst, die du dir für deine Zukunft vorstellst. Dinge, die du vielleicht willst oder brauchst. Lehnt euch zurück, entspannt euch und lasst euch von euren Ideen überraschen.

Erstelle dann ein Vision Board mit all den Dingen, die du gerne kaufen würdest, oder mit den Dienstleistungen, die du in der Zukunft gerne in Anspruch nehmen würdest. Vielleicht ist es eine Reise nach Spanien oder ein neues Paar Laufschuhe, auf das du schon lange ein Auge geworfen hast. Was auch immer es ist, ein Vision Board kann dir dabei helfen, „den Preis im Auge zu behalten" und dich zu motivieren, dein Geldverdienziel zu erreichen!

Eine weitere Übung, die dir Spaß machen könnte, ist das Führen eines Haushaltsbuchs. Damit behält man nicht nur den Überblick über seine Finanzen, sondern man erfährt auch viel über sich selbst und wofür man Geld ausgibt. Zum Beispiel hast du vielleicht sechzig Euro für einen Abend im Freundeskreis ausgegeben, aber nur zehn Euro für dich selbst, um zu einem deiner Solo-Dates zu gehen. Was sagt das aus?

Fazit

Finanzen werden beim Thema Selbstfürsorge häufig nicht erwähnt, aber genug Geld zu haben, um Rechnungen zu bezahlen, angenehme Aktivitäten zu unternehmen, für Notfälle und die Zukunft zu sparen und größere Anschaffungen zu tätigen, gibt dir ein Gefühl von Sicherheit und Kontrolle über dein Leben.

Kapitel elf

Sei deine eigene Talentförderin

> Rede mit dir selbst so, wie du mit jemandem reden würdest, den du liebst.
> —Brene Brown

Agenten, die Autoren, Sportlern und Schauspielern helfen, haben die Fähigkeit, sich für andere einzusetzen. Sie kennen ihre Klienten gut und haben keine Skrupel, deren Talente und Leistungen zu fördern. Tatsächlich ist das einer der wichtigsten Teile ihrer Tätigkeit.

So schön es auch sein mag, wenn jemand anderes mit seinen Fähigkeiten prahlt, denke daran, dass auch du diese Macht hast. Und auch wenn du das nicht am Telefon vor einer ganzen Reihe

von Leuten verkünden musst, die vielleicht oder vielleicht auch nicht einstellen, aber wenn du deine Fähigkeiten kennst und zu ihnen stehst, wirst du die Kraft haben, schwierige Situationen zu meistern, ein Vorstellungsgespräch zu gewinnen, dich selbstbewusst zu verabreden, neue Unternehmungen auszuprobieren und schließlich den Kopf hochzuhalten.

SETZE ES IN DIE PRAXIS UM

Schreibe eine Liste mit fünf Dingen auf, die an dir bemerkenswert sind. Das kann einige Zeit in Anspruch nehmen, vor allem, wenn du es nicht gewohnt bist, auf diese Weise über dich zu denken. Aber keine Sorge. Nimm dir so viel Zeit, wie du brauchst.

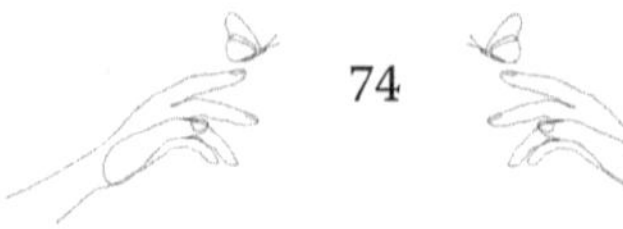

Deine Fähigkeiten können deine perfekte Gesangsstimme, dein grüner Daumen, deine Fähigkeit, dir Geburtstage zu merken, deine Vorliebe für historische Romane, dein einzigartiges Verständnis für Tiere oder irgendetwas anderes sein, das dir als einzigartig auffällt.

Sei deine eigene Talentförderin

Du brauchst Inspiration? Erinnere dich an Komplimente, die du erhalten hast, an Erfahrungsberichte von Kunden, an die Worte, mit denen dich deine engsten Freundinnen und Freunde beschreiben, oder sogar an positive Nachrichten, die andere in den sozialen Medien über dich geschrieben haben. Erstelle aus diesen Komplimenten eine Liste von Eigenschaften oder Fähigkeiten.

Neben jedem Punkt solltest du auflisten, wie du dieses Talent einsetzt. Wenn es zu wenig genutzt wird, überlege, wie du es besser einsetzen könntest. Wie kannst du es öfter zeigen und es auf eine positive Weise einsetzen, die anderen gefällt?

Bewahre diese Liste an einem besonderen Ort auf und greife darauf zurück, wenn du dich an deine Großartigkeit erinnern musst. Und niemand ist frei von Größe. Wir alle haben sie!

KREATIVE ÜBUNG

Skizziere Bilder zu jeder der fünf Talente, die du identifiziert hast. Es könnte ein Musiksymbol sein, das deine Stimme repräsentiert, eine Pflanze, die deine gärtnerischen Fähigkeiten zeigt, eine Geburtstagskerze, die deine Erinnerung symbolisiert, ein Buch, das deine Leidenschaft zeigt, oder ein Tier, das du liebst. Sei so kreativ oder so einfach wie du willst. Diese Bilder stehen für die Leistungen, die du vollbringen kannst! Versteck sie nicht. Lass sie nicht aus den Augen, sodass du immer an deine einzigartigen Eigenschaften erinnert wirst. Bewahre diese Skizzen an einem Ort auf, an dem du sie jeden

Tag siehst. Du kannst sie gerne aktualisieren, wenn du neue Seiten an dir entdeckst.

Fazit

Wir alle brauchen jemanden, der uns den Rücken freihält. Hör auf, darauf zu warten, dass es jemand für dich tut. Du hast alles, was du brauchst, um dir selbst den Rücken zu stärken und dich bei allem, was du tun willst, zu unterstützen.

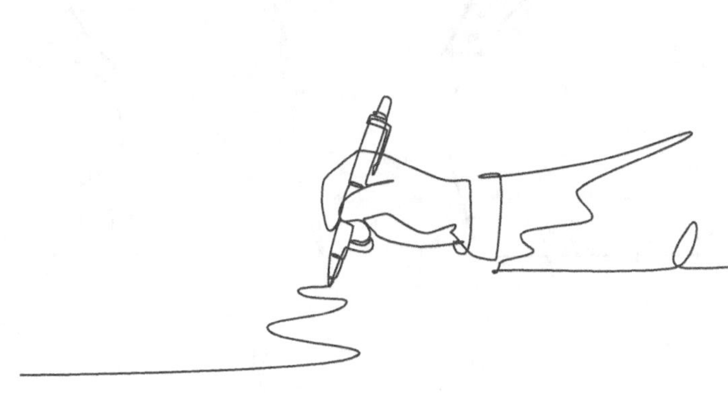

Kapitel zwölf

Sei dein eigenes Hilfssystem

Eine Freundin oder ein Familienmitglied zu haben, an das man sich in Zeiten der Not wenden kann, hilft in vielerlei Hinsicht. Sie können dich festhalten, dir Ratschläge geben, dich beruhigen oder einfach nur zuhören. Die besten von ihnen wissen, wann der richtige Moment gekommen ist, um ein Taschentuch zu reichen, dich aus einer misslichen Lage zu befreien und genau zu wissen, welche Geschmacksrichtung sie wählen müssen, wenn sie ein Eis mit dir teilen wollen. Als Menschen brauchen wir andere Menschen, vor allem in den schweren Zeiten, die uns alle treffen

können. Es ist wichtig, Menschen in seinem Leben zu haben, die einen unterstützen.

Wenn du selbst deine beste Freundin, deine engste Vertraute und dein eigenes Hilfssystem bist, kannst du dich daran erinnern, dass du in der Lage bist, mit den Widrigkeiten des Lebens umzugehen. Baue deine Stärke darin auf, dich selbst zu unterstützen, und du wirst staunen, was du alles bewältigen kannst. Wir brauchen zwar Menschen, und Menschen bereichern unser Leben, aber wir brauchen sie nicht für alles. Wir brauchen zum Beispiel keine Menschen, die uns sagen, dass wir uns selbst unterstützen und schwierige Zeiten durchstehen können.

Ein schlechter Tag, ein schlechter Monat, ein schlechtes Jahr – all das spielt keine Rolle. All das und noch viel mehr lässt sich mit einer großen Portion Selbstliebe, Verständnis und ein paar tröstenden Leckereien bewältigen. Denk daran: Du bist deine eigene Verbündete. Am Ende des Tages bist du mit dir selbst beschäftigt, und du willst dich auf dich selbst verlassen können.

Eine Liste mit Liedern und Filmen, die dir Trost spenden. Fülle ein Mini-Notizbuch mit

Selbstaffirmationen, von denen du weißt, dass sie dir helfen, aus einer Spirale herauszukommen, und füge sie dem Hilfssystem hinzu. Genau wie ein sicherer Ort, an den du dich zurückziehen kannst, kann dieses Hilfssystem dir den richtigen Schub geben, den du brauchst, um dich in stressigen Zeiten zu unterstützen.

KREATIVE ÜBUNG

Schreib einen Brief an dein früheres Ich, als du etwas Schwieriges durchgemacht hast. Ermutige dein früheres Ich und erkläre ihm, wie du die Situation meisterst. Wenn du wieder eine schwere Zeit durchmachst, kannst du immer wieder zu diesem Brief zurückkehren und erkennen, wie du dich selbst unterstützt und geleitet hast.

....

....

....

....

....

Fazit

Es gibt Momente im Leben, in denen du dich selbst am besten trösten kannst. Es gibt dir Zuversicht und Kraft zu wissen, dass du dich auf dich selbst verlassen kannst und dass du in der Lage bist, schwierige Zeiten zu überstehen. Andere Menschen zu haben ist großartig, aber vergiss nicht das Unterstützungssystem, das du selbst bist – wunderschön und wunderbar!

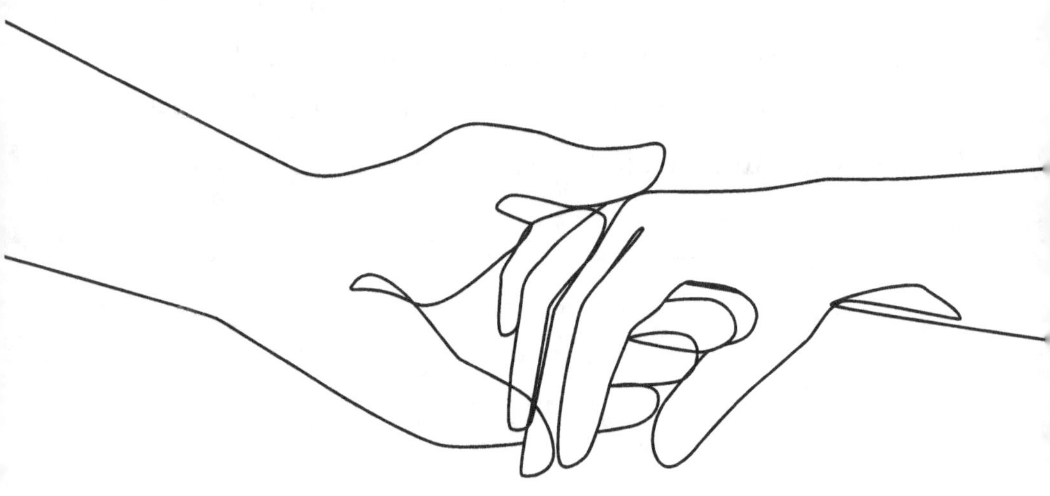

Kapitel dreizehn

Sei deine eigene Coachin

Personal Trainer, Life Coaches, die Freundin, die dich überredet, immer alles zu geben – diese und andere Kontakte können dir helfen, dich zu verbessern. Sie treiben dich zu neuen Höchstleistungen an und erinnern dich an deine Großartigkeit. Sie halten dich in Bewegung, auch wenn du das Gefühl hast, dass du nichts mehr zu geben hast.

Das Geheimnis ist, dass du zu allem fähig bist, auch wenn du es nicht glaubst. Vieles von dem, was du körperlich oder geistig erreichst, hängt von deiner mentalen Verfassung ab. Mit der richtigen Einstellung wirst du unzählige Dinge sehen, die du

mit oder ohne Unterstützung tun kannst. Du bist ein erstaunliches Individuum. Indem du aufmunternde Worte verwendest, kannst auch du die Coachin in dir ansprechen. Bei regelmäßiger Übung wirst du eine stärkere Bindung zu dir selbst und eine tiefe Quelle des Selbstvertrauens spüren. Dies ist eine weitere Möglichkeit, dein eigenes Unterstützungssystem zu sein, nur dass du dieses Mal mehr wie eine Coachin agierst, die dir Anweisungen und Hilfestellungen gibt, während du dich durch die Aktivität bewegst. Sag dir mit Überzeugung: „Ich schaffe das!"

Diese Übung kann dir helfen, die negativen Stimmen zum Schweigen zu bringen, die uns so oft im Kopf sagen, dass wir es nicht schaffen oder dass wir nicht stark genug sind. Eine Coachin würde so etwas nie zu dir sagen, also solltest du es auch nicht zu dir selbst sagen. Wenn du dich mit positiven Affirmationen coachst, kannst du deine Ziele erreichen.

SETZE ES IN DIE PRAXIS UM

Suche dir ein Spiel oder eine Übung aus, die du problemlos allein durchführen kannst. Das kann Yoga oder Schwimmen sein, Laufen oder Radfahren.

- Coache dich liebevoll und ermutigend, um deine persönliche Bestleistung zu erreichen oder zu übertreffen.

- Wenn du zum Beispiel gerne Stabis machst, nimm dir Zeit. Wenn du diese Bewegung das nächste Mal ausführst, versuche, sie dreißig Sekunden länger zu halten.

- Wenn du ein aufstrebender Yogi bist, suche dir online oder in deiner Nähe einen stärkeren Kurs oder füge deiner wöchentlichen Yogaroutine eine zusätzliche Stunde hinzu.

- Wenn Schwimmen dein Ding ist, solltest du mindestens fünfmal pro Woche ins Wasser gehen.

- Wenn du gerne Mountainbike fährst, solltest du dir eine neue, anspruchsvolle Strecke suchen.

Während der gesamten Erfahrung solltest du dich mit positiven Affirmationen anspornen, deine Ziele zu erreichen. Wir können uns immer verbessern. Für manche ist das zwar anstrengend, aber genau das gibt dem Leben mehr Würze. Wir können immer noch besser werden!

KREATIVE ÜBUNG

Erstelle ein Vision Board für etwas, in dem du besser werden willst. Wenn es um Fitness geht, entwirf ein Board, das dich ermutigt weiterzumachen, auch wenn es mal schwierig wird. Du kannst auch eine Tabelle erstellen, in der du deine Ziele festhältst, während du sie verwirklichst (z. B. deine Stabi-Zeiten und deine Ziele für diese Übung).

Wenn du deine Erfolge und dein Wachstum festhältst, kannst du die Veränderungen im Laufe der Zeit tatsächlich sehen. Das wird dich ermutigen weiterzumachen, genau wie eine Coachin es tun würde!

Fazit

Wenn du deine eigene Coachin bist, hast du die Möglichkeit, die kritische Stimme in deinem Kopf zu ändern und dir selbst positive Botschaften und Ratschläge zu geben. Lass sie deinen Schalter umlegen!

Kapitel vierzehn

Sei deine eigene Stylistin

Was Mode ist, ist so subjektiv wie das, was ein Kunstwerk beachtenswert macht. Wahrscheinlich fühlst du dich zu Stilen hingezogen, die direkt mit deiner Persönlichkeit und deinem Lebensstil übereinstimmen. Neigst du zu Yogahosen und Tennisschuhen? Wahrscheinlich bist von Natur aus aktiv. Du gehst gerne in Secondhand-Läden auf die Suche nach Vintage-Stücken? Das ist dein innerer Schatzsucher, der nach dir ruft. Zieht es dich zu klassischen Schnitten? Vielleicht reizt dich die Struktur oder das Gefühl der Stärke.

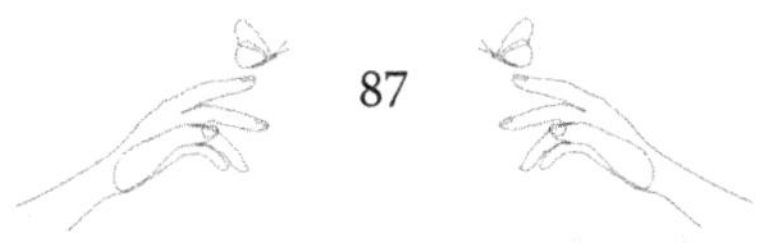

Was auch immer du bevorzugst, du bist es – und das ist ein Grund zum Feiern. Stil ist eine Möglichkeit, sich der Welt mitzuteilen und, ja, dein wahres Gesicht zu zeigen.

SETZE ES IN DIE PRAXIS UM

Wir alle haben ein Power-Outfit, ein Ensemble, das uns ermutigt. Was gibt dir das Gefühl, unaufhaltsam zu sein? Ein Bleistiftrock und Stilettos oder ein Sommerkleid und Sandalen?

Was auch immer es sein mag, geh mit einem Ziel vor Augen shoppen, um Kleidungsstücke zu finden, die dir

Kraft geben, mit denen du dich rundum wohlfühlst, und in denen du dich selbst fühlst. Entscheide dich für Schuhe oder Accessoires, die den Look aufwerten und dir einen Schub Selbstvertrauen geben.

KREATIVE ÜBUNG

Zeichne drei Kleidungsstücke, die dich ansprechen. Verwende die Farben, zu denen du dich am meisten hingezogen fühlst, um sie einzufärben. Denk darüber nach, welche Bedeutung diese Farben haben und wie sie dein Wohlbefinden steigern können:

- Rot = Leidenschaft und Energie
- Gelb = Freude und Optimismus
- Orange = Energie und Inspiration
- Aqua = Friede und Klarheit
- Braun = Stabilität und Natur
- Grau = Mystik und Veränderung
- Blau = Vertrauen und Gelassenheit
- Violett = Luxus und Fantasie
- Lavendel = Liebe und Anmut
- Rosa = Wärme und Verspieltheit
- Grün = Harmonie und Wohlstand

- Schwarz = Stärke und Anspruch
- Weiß = Hoffnung und Leichtigkeit

Mach auch die Kleiderschrank-Challenge. Wirf einen Blick auf die Kleidungsstücke in deinem Kleiderschrank und bewerte sie mit diesen neuen Farbinformationen im Hinterkopf. Überlege, wie viel von dem, was du besitzt, tatsächlich deine Persönlichkeit widerspiegelt und welches Bild du der Welt präsentieren willst. Versuche dein Bestes, um deinen Kleiderschrank zu durchforsten und

mindestens fünf Dinge loszuwerden, die nicht zu dir passen, und ersetze sie durch Kleidungsstücke, die eine Bedeutung haben und dich widerspiegeln, wie du bist.

Fazit

Kleide dich für dich und nur für dich. Es ist zwar in Ordnung, sich nach der neuesten Mode zu richten, aber überleg dir, was du anziehen möchtest, womit du dich wohl fühlst und das das ausdrückt, was du wirklich in dir trägst.

Teil vier:
Liebe deinen Geist

Kapitel fünfzehn

Sei deine eigene Tanzpartnerin

> Ich versuche nicht, besser zu tanzen als jemand anderes. Ich versuche nur, besser zu tanzen als ich selbst.
> *—Arianna Huffington*

Tanzen ist so vielseitig. Es ist Bewegung, es ist Kunst, es ist Selbstdarstellung, und es macht einfach Spaß. Ob im Wohnzimmer oder im Ballettstudio—Tanzen stärkt das Selbstwertgefühl, fördert das Körperbewusstsein und hilft in der Gruppe, soziale Kontakte zu knüpfen. Viele Menschen empfinden Tanzen als etwas stressig, ähnlich wie öffentliches Sprechen, weil sie das Gefühl haben, dass es eine Show vor anderen ist oder dass sie alle Schritte richtig machen müssen, um als „gute Tänzerin" zu gelten.

Aber beim Tanzen muss es nicht darum gehen, anderen etwas vorzuführen oder die Schritte zu beherrschen. Tanzen ist eine Aktivität, die wie Kunst wirkt, und es ist eine unglaubliche Möglichkeit, sich ohne Angst vor Bewertung auszudrücken, vor allem, wenn man allein tanzt. Und das ist meine Herausforderung an dich!

SETZE ES IN DIE PRAXIS UM

Keine Sorge, du musst keine speziellen Tanzschritte beherrschen, um etwas Besonderes aus dem Tanzen zu machen. Nutze eine kostenlose Musik-App oder Website, um gute Musik zu finden und eine Wiedergabeliste mit deinen Lieblingssongs zu erstellen.

Hier sind ein paar, die dich zum Nachdenken anregen:

- Roses von SAINT JHN
- Dancing Queen von ABBA
- Stayin' Alive von den Bee Gees
- Just Dance von Lady Gaga

Räum die Möbel weg, dimm das Licht und tanz, als gäbe es kein morgen. Das kann alles sein, von

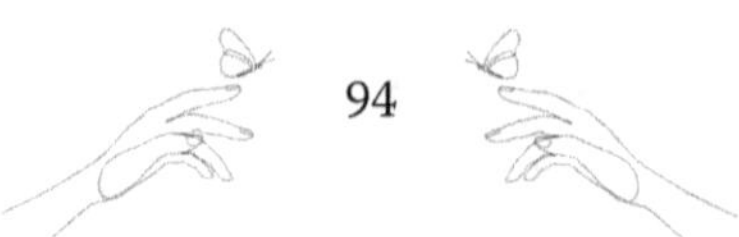

Hip-Hop bis Bauchtanz, von afrikanischem Tanz bis Ballett.

Willst du ein paar neue Schritte lernen? Dann schau dir online Tutorials zum Tanzen an oder besuche einen Kurs in deiner Nähe. Bleib aufgeschlossen; vielleicht verliebst du dich in etwas Unerwartetes wie Aerial Dance oder Contemporary. Lass dich einfach gehen und fühle dich frei, während du dich zur Musik bewegst.

KREATIVE ÜBUNG

Beginne deine Playlist und zeichne das Erste, das dir in den Sinn kommt. Vielleicht ist es ein Paar Tanzschuhe. Vielleicht ist es ein Martini-Glas. Es könnte auch etwas sehr Fantasievolles sein. Was auch immer es ist, nutze es, um dich zu inspirieren, aufzustehen und zu tanzen.

Probiere, jeden Tag zu einem Lied zu tanzen, und denke darüber nach, wie du dich danach fühlst, wenn du dich auf diese Weise körperlich ausdrückst. Bist

du glücklicher? Fühlst du dich lockerer, entspannter? Mach das, was dir gut tut, und vielleicht kannst du deine täglichen Tanzsessions um weitere Lieder erweitern.

Fazit

Das Tanzen in dein Leben einzubauen, macht dich glücklicher und ist ein großartiges Workout. Beginne damit, jeden Tag zu tanzen, und genieße die innere Übung, einfach loszulassen.

Kapitel sechzehn

Sei deine eigene Wohlfühloase

> Fast alles funktioniert wieder, wenn man es für ein paar Minuten aus der Steckdose zieht, auch du.
> —Anne Lamott

Wellness-Tage sind nicht umsonst ein Synonym für Selbstfürsorge. Es sind Momente, in denen man sich von Kopf bis Fuß verwöhnen lässt und dabei seine Selbstliebe zelebriert, Stress abbaut und Gelassenheit in sich selbst aufbaut. Und das Beste daran? Man braucht nicht viel Geld auszugeben, um die Vorteile mit Spaß zu genießen. Du kannst dir einen Wellness-Tag ganz bequem von zu Hause aus gönnen und das ganze Erlebnis noch steigern. Dabei brauchst du dich

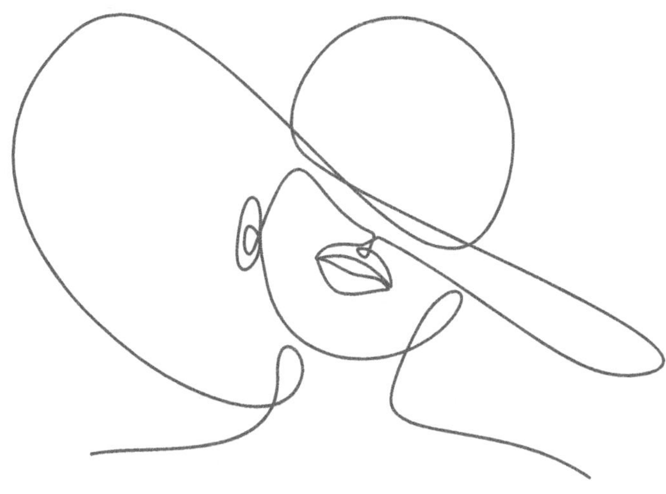

um nichts anderes zu kümmern als um dich selbst und dein eigenes Vergnügen.

SETZE ES IN DIE PRAXIS UM

Gönn dir einen Solo-Spa-Tag in deinen eigenen vier Wänden. Hier ein paar Ideen:

Nimm ein langes, luxuriöses Bad. Gib Badebomben in das Wasser, zünde eine Kerze an, nimm eine Zeitschrift mit oder spiele beruhigende Musik. Ehe du aus der Wanne steigst, wasche deine Haare und wende eine selbstgemachte Tiefenpflege an.

Tiefenpflegebehandlung

- eine reife Avocado, zerdrückt
- eine Tasse Kokosnussmilch
- je ein Esslöffel Honig und Olivenöl
- zwei Tropfen Teebaumöl

Alle Zutaten miteinander vermischen. Auf das Haar auftragen und vor dem Ausspülen 10-15 Minuten einwirken lassen.

- Mit zwei EL Naturjoghurt, einem Teelöffel rohem Honig und einem Spritzer Zitronensaft lässt sich eine feuchtigkeitsspendende Gesichtsmaske selbst herstellen. Danach folgen eine nährende Feuchtigkeitscreme, ein Lippenpeeling aus Zucker, Honig und Olivenöl und ein Gesichtsserum.

- Lackiere deine Nägel, zupfe deine Augenbrauen und verwende eine duftende Feuchtigkeitscreme. Relaxe ein paar Stunden in einem Bademantel. Diese kleinen Taten der Selbstfürsorge haben eine enorme Wirkung.

KREATIVE ÜBUNG

Versuch, dich von den Zehen bis hinauf zur Kopfhaut zu massieren. Spüre die Kraft deiner Muskeln und Knochen, wenn du dich auf dich selbst einlässt und dich mit dir selbst verbindest. Das ist Verwöhnung vom Feinsten.

Fazit

Entspannung ist ein wesentlicher Bestandteil eines gut gelebten Lebens. Gönn dir die Zeit und den Raum, um dir etwas so Wunderbares wie einen „Wellness-Tag" zu gönnen. Du hast es dir verdient.

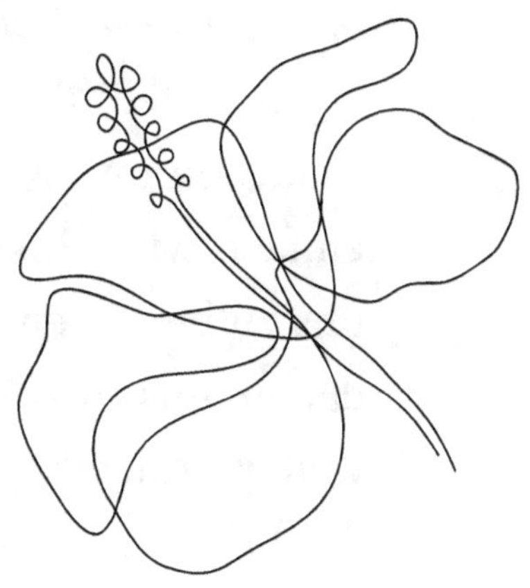

Kapitel siebzehn

Sei deine eigene Innenarchitektin

> **Zuhause ist das schönste Wort, das es gibt.**
> —*Laura Ingalls Wilder*

Ein eigenes Zimmer oder ein eigener Raum, und sei es nur eine Ecke in deinem Wohnzimmer, kann dir einen Ort zum Nachdenken, Entspannen, Verarbeiten eigener Gefühle und zur Inspiration bieten. Wir alle brauchen unseren Freiraum, einen Ort, an dem wir einfach wir selbst sein können. Niemand ist da, um uns zu bewerten oder uns zu verletzen. Niemand ist da, um uns zu sagen, was wir tun sollen, oder um uns weitere Aufgaben aufzuerlegen. Dieser Raum sollte der Ort sein, an den man sich flüchten kann, wenn das Leben ein bisschen zu viel wird.

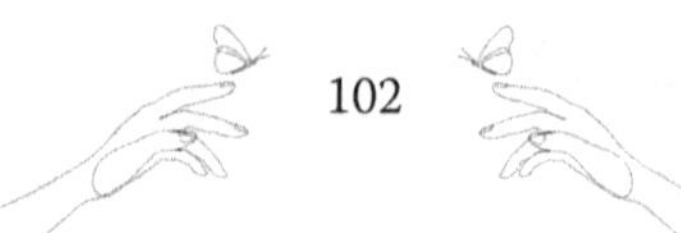

SETZE ES IN DIE PRAXIS UM

Wähle einen Raum in deinem Zuhause, den du für dich allein haben möchtest, auch wenn du allein lebst.

- Das kann eine Ecke deines Wohnzimmers sein, ein Plätzchen in deinem Schlafzimmer oder ein Platz auf deiner Terrasse oder in deinem Garten.

Hol dir Accessoires, wie z. B. ein Kissen, in Farben und Mustern, die dir gefallen.

Füge kleine Dinge hinzu, die zu Entspannung und Kreativität anregen, wie z. B. Kerzen, ätherische Öle, Gebetsperlen – was auch immer dich anspricht. Diese kann man neu oder gebraucht kaufen oder mit einer Freundin tauschen.

Platziere bedeutungsvolle Gegenstände, wie eine Figur, die du auf deinen Reisen mitgenommen hast, oder das Buchreihe, das du als Geschenk erhalten hast, in deinem persönlichen Bereich.

Dekoriere die Wände mit Kunst, Fotos oder Zitaten, die für dich eine Bedeutung haben oder eine schöne Erinnerung hervorrufen.

Das Ganze wird abgerundet durch eine Pflanze oder ein Blumenarrangement, das du liebst, um den Raum zu verschönern und um dich an die Verbindung zwischen liebevoller Pflege und Wachstum zu erinnern.

KREATIVE ÜBUNG

Skizzier dein ideales Wohnzimmer, Schlafzimmer, Bad oder deine Küche. Fokussiere dich dabei auf die Details – von den Pflanzen bis zu den Erinnerungsstücken—, die das Zimmer ganz zu deinem machen. Nimm Farben, die dich ansprechen. Mit jeder neuen Inspiration, die du bekommst, fügst du dieser Zeichnung etwas hinzu.

Fazit

Joseph Campbell nannte es einen Ort der „menschlichen Inkubation". Virginia Woolf nannte es ein „eigenes Zimmer". Vielleicht nennst du ihn deinen „Frauenschuppen", besser bekannt als „She-Shed". Wie auch immer du ihn nennst, dein Raum ist dein Zufluchtsort, ein Ort, den wir alle brauchen, um uns zurückzuziehen und es zu genießen, wir selbst zu sein.

Kapitel achtzehn

Sei deine eigene Quelle der Hoffnung

> Hoffnung und Angst können nicht denselben Raum einnehmen. Lade eines davon zum Bleiben ein.
> —Maya Angelou

Der Angst nachzugeben, mag eine normale menschliche Reaktion sein, aber es gibt nur wenige bessere Gefühle, als sich über diese Angst zu stellen und sie zu überwinden. Während Freundinnen und Freunde, Familie und Vorbilder dir Hoffnung geben können, ist der Glaube eine Flamme, die du immer in deinem Herzen am Leben erhalten solltest.

Die Hoffnung ist so besonders, dass sie neben der Liebe eines der vielen Dinge ist, über die Musikerinnen singen, Künstlerinnen malen und Schriftstellerinnen schreiben. Sie ist ein so unglaubliches und starkes menschliches Gefühl, das buchstäblich alles verändern kann und so eine schlimme Situation in eine, die gar nicht so schlimm aussieht, mit Licht am Ende des Tunnels, verwandeln.

Mit der Hoffnung kommt ein Ausweg aus einer schwierigen Situation, ebenso wie mit der Geduld. Die Hoffnung gibt ein Gefühl der Sicherheit und beflügelt die Fantasie. Sie ist ein Weg, um ein Licht brennen zu lassen, auch wenn sich alles um einen herum wie Dunkelheit anfühlt. Und das alles kann aus deinem Inneren kommen.

SETZE ES IN DIE PRAXIS UM

Schau auf dein Leben zurück und wähle drei konkrete Momente aus, in denen die Hoffnung dich durchgebracht hat. Das kann die Beharrlichkeit sein, mit der du eine schwierige Zeit in einer wichtigen Beziehung überstanden hast, die Widerstandsfähigkeit, die du in einem Moment der Trauer gefunden hast, oder das Vertrauen, das du in dem Wissen hattest, dass negative Gefühle verblassen. Schreibe frei über diese Zeiten und wie sie dich gestärkt haben.

Du brauchst immer etwas, auf das du zurückblicken kannst, wenn die Dinge anfangen, den Bach runterzugehen – und das tun sie immer! Nutze diese Notizen, um dich daran zu erinnern, wie du stark warst und es geschafft hast.

KREATIVE ÜBUNG

Such dir ein Bild aus, das dir immer Hoffnung gibt. Fürchte dich nicht davor, auf ein Standardbild wie eine Blume, ein Friedenszeichen, das Unendlichkeitssymbol oder einen Lotus zurückzugreifen. Füg deiner Zeichnung Worte hinzu, die dich inspirieren. Vielleicht möchtest du dieses Bild einrahmen und aufhängen, um dich immer daran zu erinnern, dass du weiter hoffen sollst.

Fazit

Hoffnung von innen heraus zu finden, fördert die Widerstandsfähigkeit und Unabhängigkeit. Auf diese Weise findest du einen Weg durch schwierige Zeiten. Genau wie dein eigenes inneres Licht ist die Hoffnung wie ein Leuchtturm, der immer wieder aufleuchtet, auch wenn es hoffnungslos erscheint.

Kapitel neunzehn

Sei deine eigene Stimme der Vernunft

> Eine starke Frau versteht, dass Gaben wie Logik, Entschlossenheit und Stärke ebenso weiblich sind wie Intuition und emotionale Bindungen.
> —*Nancy Rathburn*

Die toxische Positivität hat gezeigt, dass das Streben nach ewigem Glück nicht nur unrealistisch, sondern auch gefährlich ist. Wenn man die positiven Seiten betrachtet, um der Wahrheit auszuweichen oder ein falsches Glück anzunehmen, kann diese Praxis die Verarbeitung von Emotionen und das Erleben von wahrem Wachstum verhindern. Das führt zu einer Anhäufung von Schmerz, die sich

zu einer schrecklichen, zerstörerischen Explosion aufschaukeln kann.

Doch auch das Gegenteil ist der Fall. Wenn du an depressiven Gedanken und Gefühlen festhältst, können sie dich unglücklich machen.

Eine Lösung, um das Gleichgewicht zwischen diesen beiden Extremen zu finden, besteht darin, sich auf Logik und Vernunft zu besinnen, wenn du mit belastenden Emotionen und selbstzerstörerischen Gedanken konfrontiert bist. Diese Praxis, die auch als kognitives Reframing bezeichnet wird, fordert dich auf, nicht nur die positive Seite zu sehen, sondern deine Umstände aus einer vernünftigen und freundlichen Perspektive zu betrachten. Manche Menschen bezeichnen diese Übung auch als Perspektivwechsel.

Durch diese neue Sichtweise kannst du verhindern, dass du in den Kaninchenbau der Schuldgefühle, der Wut, des Bedauerns und der Trauer hinunterfällst, und dich auf einen sicheren und stabilen Mittelweg zubewegen.

SETZE ES IN DIE PRAXIS UM

Wenn du mit einem unangenehmen Gedanken oder einem belastenden Gefühl konfrontiert wirst, schalte deinen Verstand aus und betrachte deine Ideen und Gefühle von einem objektiveren Standpunkt aus.

Sei deine eigene Muse

- Wie fühlst du dich bei diesem Gedanken?

  ....

  ....

- Wie geht es dir mit diesen Gedanken im Allgemeinen? (Z. B. hasse ich es, dass ich mich ständig selbst fertigmache.)

  ....

  ....

- Schreib deine Antwort auf und probiere dann die Methode „Walking the Circle" aus. Schreibe drei andere denkbare Perspektiven auf die Situation auf. Wie könnte man dieses Problem anders betrachten? Was würde jemand neben dir, hinter dir oder aus der Ferne sehen?

KREATIVE ÜBUNG

Zeichne mit deinen Farbstiften einen Regenbogen, der mit deiner stärksten Emotion und der entsprechenden Farbe beginnt. Rot steht zum Beispiel für Wut. Mit helleren Farbtönen erreichst du den Farbton bzw. den Gefühlszustand, in dem du dich befinden möchtest.

Hier sind einige Ideen:

- Rot weckt Gefühle der Aufregung und Stärke.
- Blau erweckt Gefühle von Kompetenz.
- Rosa ermutigt zu sanfteren, freundlichen Gedanken.
- Lila erweckt Ehrgeiz und Spiritualität.
- Orange unterstützt das Selbstvertrauen.

Fazit

Um der Falle der Negativität zu entgehen, solltest du dich deinen Gedanken und Gefühlen von einem gesunden, logischen Standpunkt aus nähern. Wir alle brauchen ab und zu die Stimme der Vernunft. Sei diese Stimme für dich selbst und lerne, eine heikle Situation aus neuen Perspektiven zu betrachten.

Kapitel zwanzig

Sei deine eigene Bewunderin

> *Wenn du weißt, was du an anderen bewunderst, ist das ein wunderbarer Spiegel für dein tiefstes, noch ungeborenes Selbst.*
>
> *–Gretchen Rubin*

Wir sind es gewohnt, andere zu bewundern. Jedes Mal, wenn wir jemandem begegnen, der eine großartige Begabung oder eine wunderbare Persönlichkeit hat, bewundern wir diese Person. Es kann leicht passieren, dass diese Bewunderung in Eifersucht umschlägt oder wir uns mit anderen Menschen vergleichen. Manchmal kann die Bewunderung anderer dir helfen, dein eigenes Potenzial auszuschöpfen, das übrigens unendlich groß ist. Jedes Mal, wenn du innehältst, um dich selbst zu bewundern, verstärkst du gesunde Verhaltensweisen und stärkst dein Selbstvertrauen. Selbstbewunderung vertreibt die lästige Unzufriedenheit, die durch zu viele Vergleiche entsteht.

Die Selbstbewunderung hat einen etwas schlechten Ruf. Für manche, vor allem für diejenigen, die ohnehin schon mit ihrem Selbstvertrauen zu kämpfen haben, kann es sich so anfühlen, als würde man nur arrogant sein oder sich für die Größte halten. So ist es aber überhaupt nicht gemeint! Natürlich gibt es Menschen, die ihre Selbstbewunderung auf ein ganz neues Niveau heben, aber viel zu viele Menschen gehen den umgekehrten Weg und bewundern sich selbst kaum, selbst wenn sie Grund dafür hätten.

Das ist der Punkt, an dem es gefährlich wird. Wie willst du deine Träume verwirklichen, wunderbare Beziehungen führen und das bekommen, was du dir vom Leben wünschst, wenn du dich nicht zuerst selbst liebst und bewunderst für das, was du zu bieten hast? Wir

alle haben etwas Einzigartiges an uns, aber wenn du nicht sicher bist, wo du anfangen sollst, nimm etwas Kleines. „Ich bin gut darin, die Küche zu putzen" oder „Ich denke immer daran, Freundinnen und Freunden zum Geburtstag zu gratulieren", so etwas in der Art. Diese kleinen, alltäglichen Komplimente sind eine gute Möglichkeit, sich selbst etwas Gutes zu tun.

SETZE ES IN DIE PRAXIS UM

Behandle dich selbst so, wie es ein heimlicher Verehrer tun würde. Kauf dir selbst einen Blumenstrauß oder ein anderes Zeichen der Bewunderung. Geh mit dir selbst aus, kauf dir ein Eis oder ein paar schöne Pralinen.

Schreib dir eine SMS oder E-Mail, in der du dir selbst zu einer guten Leistung gratulierst, eine handschriftliche Notiz über ein Problem, das du überwunden hast, oder eine Eigenschaft, die du an dir bewunderst. Bewahre sie an einem Ort auf, an dem du oft vorbeikommst, sei es in deiner Unterwäscheschublade oder in der Mittelkonsole deines Autos.

Bedank dich regelmäßig dafür, dass du so bist, wie du bist.

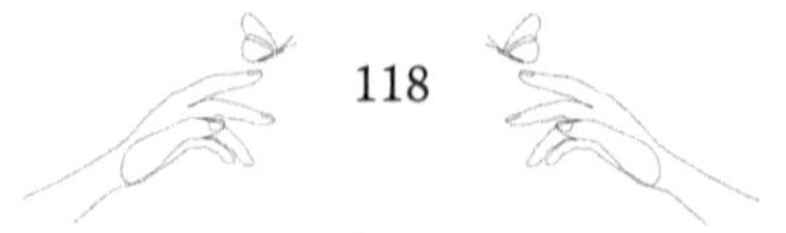

KREATIVE ÜBUNG

Wähle drei Adjektive, die deine herausragendsten Eigenschaften beschreiben, und schreibe und zeichne dann einige Illustrationen dazu. (Denk daran, du darfst auch mal schlecht zeichnen!) Warum empfindest du diese Eigenschaften so? Betrachte dich mit neuen Augen: mit den Augen einer Bewunderin.

Fazit

Bewunderung ist keine schlechte Sache. Es geht darum, sich die Zeit zu nehmen, um zu sehen, was man der Welt zu bieten hat! Denn jeder hat etwas Besonderes. Lass dich von niemandem davon abhalten, zu schätzen, wer du bist.

Abschließende Worte

Es liegt ein enormes Maß an Schönheit und Freiheit darin, du selbst zu sein. Ich weiß, dass die Welt versucht, uns eine andere Geschichte zu erzählen. Sie versucht zu sagen, dass man auf eine bestimmte Art und Weise aussehen, sich auf eine bestimmte Art und Weise verhalten oder bestimmte Fähigkeiten haben muss, um als genug oder wertvoll angesehen zu werden. Diese Botschaften der Außenwelt sind allgegenwärtig, sodass es sehr leicht sein kann, in die Falle zu tappen und das Gefühl zu haben, dass man nicht genug ist.

In diesem Buch geht es jedoch darum, die Sichtweise darauf, wer man ist und was man zur Welt beiträgt, neu zu gestalten. Es geht darum, gegen die ständigen Botschaften der anderen zu kämpfen, dass du nicht genug bist, und dich mit der Kraft der Selbstliebe zu wehren.

Du bist du selbst, ein einzigartiges Individuum mit Fähigkeiten und Eigenschaften wie keine andere

auf der Welt. Warum nicht diese Einzigartigkeit auskosten und jeden Tag mit dem Selbstvertrauen angehen, das du verdienst?

Liebe dich selbst und erfahre mehr darüber, wer du wirklich bist und werde dein/e eigene/s:

- Inspiration
- offenes Ohr
- umsichtiger und liebevoller Elternteil
- Date
- Chefköchin
- Liebhaberin
- Quelle des Lichts
- Lehrerin
- Handwerkerin
- Geldmanagerin
- Talentförderin
- Hilfssystem
- Coachin
- Stylistin
- Tanzpartnerin
- Wohlfühloase
- Innenarchitektin

- Quelle der Hoffnung
- Stimme der Vernunft
- Bewunderin

Auch wenn dir nicht alle Aspekte dieser Übungen zusagen, kannst du dennoch viel über dich selbst lernen, wenn du all diese verschiedenen Rollen in deinem eigenen Leben spielst. Mehr über sich selbst zu erfahren, kann dir helfen, ein erfüllteres, glücklicheres Leben zu führen, weil du verstehst, warum du so bist, wie du bist. Du verstehst sowohl deine Schwächen als auch deine Stärken. Aber denke daran, dass du dich selbst in all diesen Dingen liebst. Du bist der einzige Mensch auf diesem Planeten, der so sein kann, wie du bist. Diese Erkenntnis ist wirklich schön, genau wie du.

Bonus-Inhalt
UNSERE GESCHENKE FÜR DICH

Abonniere unseren Newsletter und erhalte diese kostenlosen Materialien:

(www.specialartbooks.com/free-materials/)

Folge uns auf:

Instagram: @specialart_books
Facebook-Seite: Special Art Books
Website: www.specialartbooks.com

Impressum

Für Fragen, Feedback und Vorschläge:

support@specialartbooks.com

Nina Madsen, Special Art
Copyright © 2024
www.specialartbooks.com

Bilder © Shutterstock